Powerfood

to go

Inhalt

Vorwort

Werden Sie nach der Mittagspause schnell müde? Können Sie sich im Büro schlecht konzentrieren? Geht es nach der Arbeit direkt zum Sport, und nachmittags soll noch ein leicht verdaulicher Energiebooster her? Dann ist Powerfood zum Mitnehmen genau das Richtige für Sie! Mit Powerfood aus Lunchbox, Glas und Reisebecher gestalten Sie Ihre Mittagspausen sowie Snacks und Drinks unterwegs gesund und vitalisierend. Statt nebenbei am PC einen müde machenden Imbiss vom Kiosk zu verzehren, bereiten Sie gesunde Mahlzeiten einfach zu Hause vor und nehmen sie mit. Vieles davon lässt sich kalt genießen, anderes können Sie in der Mikrowelle im Büro aufwärmen.

Genießen Sie Herzhaftes wie Rote-Bete-Quinoa-Burger, Brokkoli-Paprika-Pasta oder knackige Samen-Cracker! Snacken Sie Süßes wie Müsliriegel mit Erdnussbutter und Honig, Bananen-Aprikosen-Kugeln oder Chia-Pudding mit Erdbeeren! Und lassen Sie sich von Powerdrinks wie einem fruchtigen Avocado-Kiwi-Smoothie, einem vitalisierenden Rohkakao-Power-Drink oder einem aktivierenden Matcha-Vanille-Frappé pushen.

Sie werden sehen, wie einfach es ist, neuen Schwung und Energie zu gewinnen. Viel Spaß beim Vorbereiten, Mitnehmen und Genießen!

Powerfood für unterwegs

Haben Sie die Nase voll von ungesundem Fast Food, fadem Imbiss- und Kantinenessen und teuren Restaurants? Dann kochen Sie Ihre Mahlzeiten für die Mittagspause im Büro oder Snacks für Ausflüge und Picknicks doch einfach selbst! Für die Zubereitung können Sie gesunde Zutaten verwenden und dabei je nach Lust und Laune variieren – und das immer dann, wenn Sie gerade Zeit dafür haben. Sie werden sehen, dank gut vorzubereitender Mitnehmmahlzeiten ist es einfacher, als man denken würde, sich in der Mittagspause oder unterwegs gesund und abwechslungsreich zu ernähren.

Gesunde Ernährung mit Powerfood

Da es mittags und zwischendurch oft schnell und einfach gehen muss, greifen wir meist zu fettigem Fast Food, Fertigprodukten und überzuckerten Snacks. Das weckt nicht nur Heißhunger und macht langfristig dick, sondern auch kurzfristig müde und antriebslos. Vor allem in Schule und Büro, aber auch vor dem Sport benötigen wir jedoch jede Menge Energie. Kochen Sie also lieber selbst! Denn nicht nur Fett und Zucker sind ungesund, auch bestimmte Konservierungsmittel und Farbstoffe stehen im Verdacht, die Gehirnleistung und Konzentrationsfähigkeit zu beeinträchtigen, und führen zu einem Leistungsabfall.

Die richtige Ernährung hingegen macht körperlich leistungsfähiger und schenkt uns Kraft. Vor allem Kohlenhydrate spielen dabei eine Rolle, denn sie liefern Muskeln und Gehirnzellen Energie, sorgen für eine schnelle Informationsverarbeitung und ein besseres Erinnerungsvermögen. Hier kommt es jedoch auf die Art der Kohlenhydrate an. Denn Softdrinks, der Schokoriegel zwischendurch oder das Marmeladenbrötchen zu Mittag lassen den Blutzuckerspiegel rasch ansteigen, aber auch ebenso schnell wieder sinken – Müdigkeit und ein schneller Leistungsabfall sind die Folgen. Um hingegen fit und leistungsfähig zu bleiben, müssen Sie Ihren Blutzuckerspiegel konstant halten. Neben komplexen Kohlenhydraten sind verschiedene Mineralstoffe wie z. B. Kalium, Natrium und Magnesium, Vitamin B, C und E sowie Omega-3-Fettsäuren und sekundäre Pflanzenstoffe die wichtigsten Nährstoffe für das Gehirn. Bei einer ausreichenden Versorgung mit diesen Stoffen steigt die Konzentrationsfähigkeit, verglichen mit Fast Food, laut einer aktuellen Studie um bis zu

rund 140 Prozent. Eiweiß fördert die Energiefreisetzung, liefert Strukturmaterial für Muskeln und Gehirn und beugt körperlicher und geistiger Erschöpfung vor. Aber auch die richtigen Fette sind für die Energiegewinnung und -freisetzung von Bedeutung und sorgen für eine gute Durchblutung des Gehirns. So stärken Omega-3-Fettsäuren – z. B. aus Trockenobst, Nüssen und hochwertigen Ölen – das Gedächtnis sowie das Nervensystem. Hinzu kommen weitere Stoffe, die für mehr Energie sorgen und die Leistungsfähigkeit steigern, wie z. B. Kalzium und Eisen. Eine gesunde und ausgewogene Ernährung mit Getreide (vor allem Vollkornprodukte), Nüssen und Samen, Eiern, Milch- und Milchprodukten, Obst und Gemüse, gelegentlich ergänzt durch mageres Fleisch, Geflügel und Fisch, hilft dabei, diesen Bedarf zu decken. Und nicht vergessen: viel Wasser oder ungesüßten Tee (rund 1,5 Liter täglich) trinken!

Basics für die Powerfood-Mitnehmküche

Je nach Geschmack sollten Sie einige Zutaten für die Powerfood-Küche immer griffbereit habe. Vieles davon lässt sich länger im Vorratsschrank aufbewahren und ist daher praktisch, um schnell einmal ein Mitnehmgericht zu zaubern, ohne viel dafür frisch einkaufen zu müssen. So ist z. B. das Pseudogetreide Quinoa eine der besten pflanzlichen Eiweißquellen und zudem ein guter Lieferant für Magnesium und Eisen. Quinoa erhöht die Ausdauer beim Sport, verbessert die Gehirnfunktion und macht lange satt. Die kalziumreichen Chiasamen sind ebenfalls eine gute Proteinquelle. Sie sind ebenfalls sehr sättigend und fördern den Muskelaufbau. Außerdem helfen sie bei Stress, und die enthaltenen Omega-3-Fettsäuren stärken Konzentrationsfähigkeit und Gedächtnis. Gojibeeren, die meist getrocknet erhältlichen Früchte des Gemeinen Bocksdorns, enthalten

Verpackung und Transport

Wenn alles fertig zubereitet ist, sollte auch der Transport ein Kinderspiel sein. Hier einige Tipps, um dies problemlos zu bewerkstelligen. Kleine Backwaren wie z. B. Kekse können gleich in der Dose transportiert werden, in der sie aufbewahrt werden. Sandwiches finden, in Alufolie, Frischhaltefolie oder Butterbrotpapier verpackt, Platz in einer einfachen Brotdose bzw. Lunchbox. Die aus Japan stammende Bento-Box ermöglicht es durch abgetrennte Bereiche, sogar mehrere Gerichte mitzunehmen. Feuchte Zutaten wie z. B. Soßen können in Schälchen mit Deckel portioniert werden. Für Dressings gibt es spezielle Dressingflaschen zum Mitnehmen. Praktisch sind auch verschließbare Plastikbehälter wie die diversen Tupperwareschalen, die sich z. B. für den Transport von Salaten, Reis- oder Gemüsegerichten eignen. Spezialprodukte sind auch zum Aufwärmen in der Mikrowelle geeignet. Eine Alternative bieten Edelstahl- oder Glasbehälter, die sich auch problemlos in der Geschirrspülmaschine reinigen lassen. Für Salate oder Desserts wie z. B. Puddings können Sie Schraubdeckelgläser oder Einmachgläser mit Bügelverschluss verwenden, für Suppen und Getränke, die möglichst warm bleiben sollen, eignen sich Thermosbehälter. Und für längere Reisen empfehlen sich schließlich Kühltaschen, in denen man z. B. Salate bis zum Verzehr transportieren kann.

Hygiene beachten!

Bevor Sie gekochte Speisen in ein Transportbehältnis füllen und es verschließen, sollten Sie darauf achten, dass diese zunächst abkühlen. Denn geben Sie sie heiß hinein, bildet sich unter dem Deckel Kondenswasser, das nicht nur die Konsistenz der Speisen beeinträchtigt, sondern auch einen Nährboden für Bakterien bildet. Achten Sie auch darauf, wiederverwendbare Gläser stets gut zu reinigen (in der Spülmaschine oder mit kochendem Wasser) und zu trocknen. Wenn Sie diese praktischen Tipps beherzigen, steht dem Mitnehmvergnügen nichts mehr im Weg.

viel Eisen, stärken die Muskeln, sollen die Gedächtnis- und Gehirnleistung verbessern und für innere Ruhe sorgen. Kakao wirkt belebend, entspannend und fördert die Konzentration. Grüner Tee, besonders das Grünteepulver Matcha, verhindert Müdigkeit und steigert die Hirnaktivität. Leinsamen und Nüsse sind reich an Magnesium und Omega-3-Fettsäuren und fördern das Denkvermögen sowie das Gedächtnis. Haferflocken sind ein gesunder Wachmacher für das Reaktionsvermögen, fördern geistige und körperliche Leistungsfähigkeit und lassen uns entspannter auf Stress reagieren.

Daneben sollte jedoch auch viel frisches Obst und Gemüse auf dem Speiseplan stehen. Mit ihrem hohen Eiweißgehalt sind beispielsweise Hülsenfrüchte wie Bohnen, Kichererbsen, Linsen und Co. eine gute Energiequelle. Ihre hochwertigen Kohlenhydrate verhindern das berühmte Nachmittagstief nach dem Mittagessen. Für lang anhaltende Energie und Konzentrationsstärke sorgt auch grünes Gemüse wie Brokkoli, Spinat und Co. Gegen Müdigkeit, Stress und Erschöpfung helfen Avocados, die die Sauerstoffversorgung des Gehirns verbessern. Dieselbe Wirkung haben Blaubeeren. Nicht nur bei Sportlern beliebt

sind Bananen. Das enthaltende Kalium unterstützt Muskeln und Nerven. Wer während der Arbeit aus Zeitmangel nicht genug Obst und Gemüse zu sich nimmt oder leicht verdauliche Nährstoffe vor dem Training benötigt, sollte es mit einem leckeren Smoothie versuchen!

Herzhaftes für neue Energie

Rote-Bete-Quinoa Burger

Zutaten

für 4 Portionen

100 g Quinoa, Salz, 1 kleine Zwiebel, 50 g Walnüsse, 1 kleine Rote Bete, 1 Stängel Rosmarin, 200 g weiße Bohnen (Dose), 2 EL Öl, frisch gemahlener Pfeffer, 4 Burgerbrötchen oder kleine Fladenbrote

Zubereitung

1. Quinoa in ein feines Sieb geben und abwaschen. Leicht gesalzenes Wasser zum Kochen bringen, Quinoa nach Packungsanweisung darin kochen und über einem Sieb abgießen.

2. Zwiebel schälen und fein würfeln. Walnüsse hacken. Rote Bete schälen und fein reiben. Rosmarin waschen, Nadeln abstreifen und fein hacken. Bohnen über einem Sieb abgießen und abtropfen lassen.

3. Etwas Öl in einer Pfanne erhitzen. Rote Bete und Zwiebel zugeben, salzen und pfeffern. Unter gelegentlichem Rühren ca. 5 Minuten dünsten. Bohnen mit dem Stabmixer pürieren. Quinoa, Walnüsse, Rote-Bete-Zwiebel-Mischung und Rosmarin zugeben und gut vermischen. Mit Salz und Pfeffer abschmecken.

4. Quinoa-Mischung zu flachen Bratlingen formen. Restliches Öl in einer Pfanne erhitzen und Burger darin von beiden Seiten ca. 23 Minuten anbraten. Bis zum Verzehr kühl stellen. Bratlinge vor Verzehr kurz in der Mikrowelle aufwärmen und auf den Burgerbrötchen oder Fladen anrichten.

Zubereitungszeit ca. 50 Minuten

Nussige Auberginen-Tomaten-Caponata

Zutaten
für 4 Portionen

1 Aubergine, 1 Zucchini, 3 Stangen Sellerie, 1/2 Zwiebel, 6 EL Olivenöl, 30 g Rosinen, 30 g Kapern (Glas), 30 g Pinienkerne, Salz, frisch gemahlener Pfeffer, 600 g Tomaten in Stücken (Dose), einige Blättchen Basilikum, 4 Ciabattabrötchen

Zubereitung

1. Aubergine, Zucchini und Sellerie waschen, Stilansätze entfernen. Weiches inneres Fleisch der Aubergine ebenfalls entfernen. Gemüse in kleine Würfel schneiden. Zwiebel schälen und fein würfeln.

2. Öl erhitzen. Zwiebel und Sellerie darin bei niedriger Hitze einige Minuten anbraten. Rosinen, abgetropfte Kapern und Pinienkerne zufügen und einige Minuten mitbraten. Aubergine und Zucchini zugeben, salzen und pfeffern. Ca. 15 Minuten braten.

3. Tomaten zufügen. Alles mit Salz und Pfeffer abschmecken und bis zum Transport kalt stellen. Basilikum waschen und trocken schütteln. Vor dem Verzehr Ciabattabrötchen aufschneiden, Caponata darauf anrichten und mit Basilikum bestreut servieren.

Zubereitungszeit ca. 45 Minuten

Power-Pesto zu Brot oder Pasta

Zutaten

für 3-4 Portionen

100 g Basilikumblätter, 2 EL Pinienkerne, 1 Knoblauchzehe, 7–8 EL Olivenöl sowie etwas Öl zum Aufgießen, 3 EL frisch geriebener Parmesan, Salz, frisch gemahlener Pfeffer

Zubereitung

1. Basilikumblätter waschen und trocken schütteln. Basilikum, Pinienkerne und geschälten Knoblauch mit einigen Tropfen Öl im Mörser zerkleinern.

2. Parmesan und nach und nach restliches Öl zugeben. Alles mit dem Stößel vermischen, bis eine geschmeidige Paste entstanden ist.

3. Pesto mit reichlich Salz und Pfeffer abschmecken. In ein sauberes Schraubdeckelglas umfüllen, mit ein wenig Öl bedecken und bis zur Verwendung kühl stellen. Zu Brot servieren oder vorgekochte Pasta mit dem Pesto vermischen und kurz in der Mikrowelle aufwärmen.

TIPP Im Schraubdeckelglas verschlossen, hält sich das Pesto im Kühlschrank mindestens 1 Woche.

Zubereitungszeit ca. 15 Minuten

Galettes mit Spinat und Käse

Zutaten

für 3 Portionen

75 g Buchweizenmehl (extra fein), 75 ml Milch, 1 Ei, 1 EL geschroteter Leinsamen, 1 TL Salz, 400 g Spinat, 1/2 Knoblauchzehe, 1 Zwiebel, 3 TL Öl, frisch gemahlener Pfeffer, etwas frisch geriebener Muskat, 75 g Ziegenfrischkäse

Zubereitung

1. Mehl, Milch, Ei, Leinsamen, Salz und 85 Milliliter Wasser zu einem flüssigen Teig verrühren und mindestens 30 Minuten quellen lassen.

2. Spinat waschen und gut abtropfen lassen. Knoblauch und Zwiebel schälen und fein hacken. 2 Teelöffel Öl erhitzen. Knoblauch und Zwiebel darin glasig anbraten, Spinat zufügen und mitbraten, bis er zusammenfällt. Mit Salz, Pfeffer und Muskat kräftig abschmecken. Ziegenfrischkäse zerbröckeln.

3. Backofen auf 180 °C (Umluft 160 °C) vorheizen. Etwas Öl erhitzen, nacheinander je eine Suppenkelle Teig hineingeben und bei starker Hitze drei Galettes von beiden Seiten goldbraun braten.

4. Spinat in die Mitte der Galettes geben und Frischkäse darauf verteilen. Ränder zur Mitte hin einschlagen. Im vorgeheizten Backofen auf einem mit Backpapier belegten Blech ca. 10 Minuten backen. Im Kühlschrank aufbewahren und vor dem Verzehr kurz in der Mikrowelle aufwärmen.

Zubereitungszeit ca. 1 Stunde und 30 Minuten

Brokkoli-Paprika-Pasta

Zutaten
für 4 Portionen

je 1 rote und gelbe Paprikaschote, 800 g Brokkoli, 1 Knoblauchzehe, 1 Zwiebel, 5 EL Olivenöl, Salz, frisch gemahlener Pfeffer, 300 g Nudeln (z.B. Orecchiette) oder Zartweizen

Zubereitung

1. Paprikaschoten waschen, entkernen und in feine Ringe oder Streifen schneiden. Brokkoli waschen und in Röschen teilen. Knoblauch und Zwiebel schälen, fein hacken und in heißem Öl andünsten. Paprikaschoten zufügen und ca. 10 Minuten braten. Salzen und pfeffern.

2. Brokkoli in kochendem Salzwasser ca. 5 Minuten bissfest garen.

3. Nudeln oder Zartweizen in kochendem Salzwasser nach Packungsanweisung bissfest kochen und über einem Sieb abgießen, dabei 1/2 Tasse vom Salzwasser auffangen.

4. Nudeln mit Brokkoli, Paprikaschoten und Salzwasser mischen, mit Salz und Pfeffer abschmecken und im Kühlschrank aufbewahren. Vor dem Verzehr kurz in der Mikrowelle aufwärmen.

Zubereitungszeit ca. 30 Minuten

Knackige Samen-Cracker

Zutaten

für 2 Bleche

70 g Leinsamen, 130 g gemischte Samen (z. B. Leinsamen, Sesam, Hanfsamen, Pinienkerne), 100 g Buchweizenmehl, 1 TL Salz, 40 ml Olivenöl

Zubereitung

1. Backofen auf 160 °C (Umluft 140 °C) vorheizen. Leinsamen im Mixer fein mahlen. Ca. 50 Gramm der gemischten Samen beiseitestellen.

2. Buchweizenmehl, gemahlene Leinsamen, Salz, Öl sowie nach und nach 275 Milliliter kaltes Wasser zu den restlichen Samen geben und verrühren, bis ein relativ weicher bzw. flüssiger Teig entsteht.

3. Zwei Bleche mit Backpapier auslegen. Jeweils die Hälfte des Teigs darauf dünn und glatt verstreichen. Mit beseitegestellten Samen bestreuen.

4. Beide Bleche im vorgeheizten Backofen ca. 10 Minuten backen. Herausnehmen und Teig zu kleinen Rechtecken schneiden. Nochmals ca. 20 Minuten backen, bis die Cracker knusprig sind. Aus dem Ofen nehmen und auf einem Gitter abkühlen lassen. Bis zum Verzehr in einer Blechdose aufbewahren.

Zubereitungszeit ca. 50 Minuten

Spargel-Quinoa-Salat mit Feta

Zutaten
für 1 Portion

60 g Quinoa, einige Blättchen Basilikum, 1 EL Zitronensaft, 2 TL Öl, Salz, 250 g grüner Spargel, 3 Radieschen, 50 g Rauke, 1 EL Walnusshälften, 1 EL Rosinen, 1 Frühlingszwiebel (in Ringe geschnitten), 35 g Feta

Zubereitung

1. Quinoa nach Packungsangabe zubereiten und abkühlen lassen. Basilikum waschen und fein hacken. Zitronensaft, Basilikum und Öl mit Quinoa vermengen. Leicht salzen.

2. Spargel waschen und holzige Enden abschneiden. In leicht sprudelndem Salzwasser in ca. 10 Minuten bissfest garen, abkühlen lassen und in mundgerechte Stücke schneiden.

3. Radieschen und Rauke waschen und trocken tupfen bzw. schütteln. Radieschen in Scheiben schneiden. Spargel, Rauke und Radieschen unter das Quinoa mischen. Mit Walnüssen, Rosinen, Frühlingszwiebel und Feta garnieren, in eine Salatschüssel mit Deckel füllen und bis zum Transport bzw. Verzehr im Kühlschrank aufbewahren.

Zubereitungszeit ca. 40 Minuten

Möhren-Linsen-Suppe mit Ingwer

Zutaten
für 4 Portionen

500 g Möhren, 20 g Ingwer, 1 Frühlingszwiebel, 20 g Margarine, 1 l fertige Brühe, Salz, 120 g rote Linsen, Kräuter nach Geschmack

Zubereitung

1. Möhren schälen, ein kleines Stück in kurze Stifte schneiden und für die Garnitur beiseitestellen, Rest in grobe Stücke schneiden. Ingwer schälen und fein hacken. Frühlingszwiebel waschen und fein würfeln. Margarine bei mittlerer Hitze zerlassen, Frühlingszwiebel darin ca. 5 Minuten glasig dünsten. Möhren und Ingwer zufügen und unter Rühren ca. 2 Minuten dünsten.

2. Brühe zugeben, zugedeckt zum Kochen bringen und bei niedriger Hitze ca. 20 Minuten kochen lassen. Suppe mit dem Stabmixer pürieren und mit Salz abschmecken. Linsen gut abspülen, in 800 Millilitern Salzwasser ca. 20 Minuten weich kochen, ebenfalls pürieren, mit Salz abschmecken und zugeben.

3. Suppe zum Transport in einen Thermosbehälter füllen. Mit Möhrenstiften und nach Geschmack gewaschenen, gehackten Kräutern garnieren und mit einigen Scheiben Stangenweißbrot servieren.

Zubereitungszeit ca. 55 Minuten

Sommerliche Chili-Gazpacho

Zutaten
für 4 Portionen

5 g rote Chilischoten, 1 Salatgurke, 1 Zwiebel, 1 Knoblauchzehe, 1 EL Olivenöl, 500 ml stückige Dosentomaten, Basilikumblätter, Salz, frisch gemahlener Pfeffer

Zubereitung

1. Chilischoten waschen, entkernen und in Scheiben schneiden. Gurke schälen und würfeln. Zwiebel schälen und ebenfalls würfeln. Knoblauch schälen und grob hacken.

2. Zwiebel und Chili leicht im Öl anbraten. Zusammen mit Gurke, Tomaten und Knoblauch im Mixer fein pürieren. Basilikum waschen und trocken schütteln.

3. Gazpacho mit Salz und Pfeffer abschmecken. Bis zum Transport bzw. Verzehr im Kühlschrank aufbewahren und, mit Basilikum garniert, kalt servieren.

Zubereitungszeit ca. 15 Minuten

joy

Powerpacks - Süßes to go

Müsliriegel mit Erdnussbutter und Honig

Zutaten
für 50 Stück

500 g Honig, 50 g ungesalzene Erdnüsse, 50 g Pinienkerne, 100 g Cranberrys (getrocknet), 200 g Aprikosen (getrocknet), 50 g Sesam, 400 g kernige Haferflocken, 1/2 Vanilleschote, 1 Prise Salz, 1 TL Zimt, 2 Eier, 1 EL Erdnussbutter

Zubereitung

1. Honig in 125 Millilitern warmem Wasser auflösen. Erdnüsse und Pinienkerne fein hacken. Cranberrys und Aprikosen ebenfalls fein hacken und mit Erdnüssen, Pinienkernen, Sesam und Haferflocken vermengen. Vanilleschote der Länge nach aufschlitzen, Mark herauskratzen und zusammen mit Salz und Zimt mit der Haferflockenmischung vermengen.

2. Eier trennen. Honigwasser mit Flockenmischung, Erdnussbutter und Eigelben verrühren und ca. 10 Minuten quellen lassen. Eiweiße steif schlagen. Backofen auf 160 °C (Umluft 140 °C) vorheizen.

3. Eischnee unter die Haferflockenmischung heben und Masse auf einem mit Backpapier ausgelegten Blech verteilen. Mit Frischhaltefolie abdecken, vorsichtig ausrollen und Folie entfernen. Im vorgeheizten Ofen ca. 20–30 Minuten goldgelb backen. Noch warm in Streifen schneiden, auf einem Gitter erkalten lassen und in Vorratsdosen oder Papier verpacken.

Zubereitungszeit ca. 1 Stunde

Haferflocken-Apfel-Kekse

Zutaten
für 2 Bleche

240 g Haferflocken, 75 g brauner Zucker, 2 TL Zimt, 100 g Mehl, 1 TL Backpulver, 3 Äpfel, 180 ml Apfelsaft, 120 g Natur- oder Apfeljoghurt, 10 g Vollkorn-Cornflakes

Zubereitung

1. 160 Gramm Haferflocken mit Zucker und Zimt in einem Mixer mischen, bis die Haferflocken fein gemahlen sind. Mehl und Backpulver mischen und zusammen mit übrigen Haferflocken untermischen.

2. Äpfel schälen und entkernen. 1 Apfel in Raspeln reiben. Übrige Äpfel in dünne Scheiben schneiden. Apfelraspeln mit Saft und Joghurt unter die trockenen Zutaten rühren. Nach Bedarf weiteren Apfelsaft oder Joghurt zugeben, bis der Teig eine klebrige Konsistenz hat.

3. Backofen auf 200 °C (Umluft 180 °C) vorheizen. Cornflakes in einem Gefrierbeutel zerdrücken und unter den Teig mischen.

4. Kleine Teighäufchen auf ein mit Backpapier ausgelegtes Blech setzen. Jeweils eine Apfelscheibe darauflegen. Im vorgeheizten Backofen ca. 15 Minuten hellbraun backen. Auf einem Gitter auskühlen lassen und in Vorratsdosen aufbewahren.

Zubereitungszeit ca. 30 Minuten

Bananen-Aprikosen-Kugeln

Zutaten

für 16 Stück

1 kleine reife Banane, 1 kleines Stück Ingwer, 100 g Aprikosen (getrocknet), 100 g Cashewkerne, 50 g Haferflocken

Zubereitung

1. Backofen auf 150 °C (Umluft 130 °C) vorheizen. Banane schälen und in Stücke schneiden. Ingwer schälen und würfeln. Banane, Ingwer und Aprikosen pürieren. Cashewkerne fein hacken und untermischen. Haferflocken sorgfältig unterrühren, sodass die Masse nicht mehr klebrig ist.

2. Aus der Masse ca. 1,5 Zentimeter große Bällchen formen, ca. 10–12 Minuten im vorgeheizten Backofen backen und auf einem Gitter abkühlen lassen. In Vorratsdosen verpacken.

TIPP Die Bananen-Aprikosen-Kugeln schmecken auch ungebacken. Als Variante können Sie sie auch in Kokosraspeln wälzen. Zusätzlich zu den Cashewkernen können Sie auch 1 Teelöffel Chiasamen untermischen.

Zubereitungszeit ca. 20 Minuten

Vollkorn-Cracker mit Quinoa

Zutaten

für 20 Stück

85 g Quinoa, 75 g Reismehl, 85 g Vollkornmehl, 1/2 TL Backpulver, 1/2 TL Salz, 1/2 TL Zwiebelpulver, 75 ml Öl, 2 EL gemischte Samen (z.B. Mohn, Leinsamen und Sesam)

Zubereitung

1. Quinoa gut abspülen, nach Packungsanleitung garen und abkühlen lassen. Backofen auf 180 °C (Umluft 160 °C) vorheizen. Alle Zutaten bis auf das Öl und die Samenmischung im Mixer vermischen. Nach und nach Öl und 75 Milliliter Wasser zugeben und zu einem bröseligen Teig vermischen.

2. Teig zu einer glatten Masse verkneten und in zwei Hälften teilen. Eine Teighälfte auf einen Bogen Backpapier legen, mit einem weiteren Bogen Backpapier abdecken und ca. 3 Millimeter dick ausrollen. Oberes Backpapier entfernen und Teig mit dem unteren Backpapier auf ein Blech legen. Zweite Teighälfte ebenso vorbereiten.

3. Teig mit einem scharfen Messer streifenförmig einritzen. Samenmischung darüberstreuen und leicht in den Teig drücken. Im vorgeheizten Backofen ca. 12–15 Minuten goldbraun backen. Vorderseite des Bachblechs nach der Hälfte der Zeit nach hinten drehen. Auf einem Gitter abkühlen lassen, Cracker entlang der Linien ausschneiden und in eine Transportdose verpacken.

Zubereitungszeit ca. 35 Minuten

Goji-Beeren-Mandel-Porridge

Zutaten

für 1 Portion

40 g zarte Haferflocken, 20 g Goji-Beeren, 200 ml Milch, 10 g Mandeln

Zubereitung

1. Haferflocken, Hälfte der Goji-Beeren und Milch vermischen und ca. 2 Minuten auf höchster Stufe in der Mikrowelle kochen.

2. Umrühren und nochmals ca. 1 Minute auf höchster Stufe kochen. Mandeln fein hacken. Porridge mit gehackten Mandeln mischen.

3. Abkühlen lassen, in ein Transportgefäß füllen und bis zum Transport bzw. Verzehr kalt stellen. Vor dem Verzehr nach Belieben kurz in der Mikrowelle erwärmen und mit restlichen Goji-Beeren bestreut servieren.

TIPP Goji-Beeren enthalten nahezu alle lebenswichtigen Vitamine und Nährstoffe. Bereits 50 Gramm der Beeren decken die Hälfte des Mindesttagesbedarfs an Eisen ab.

Zubereitungszeit ca. 5 Minuten

peace
love
joy

Cranberry-Haferflocken-Crumble

Zutaten
für 6 Portionen

110 g Butter und etwas Butter für die Form, 35 g Walnüsse, 65 g Mehl, 200 g brauner Zucker, 90 g Haferflocken, 300 g Cranberrys (frisch oder TK-Produkt)

Zubereitung

1. Backofen auf 175 °C (Umluft 155 °C) vorheizen. Auflaufform mit etwas Butter einfetten. Walnüsse fein hacken. Mehl, Zucker, Haferflocken, Butter und Walnüsse zu einer krümeligen Mischung verarbeiten. Cranberrys verlesen, waschen und gut abtropfen lassen. Gefrorene Cranberrys auftauen und gut abtropfen lassen.

2. Hälfte der Haferflockenmischung gleichmäßig in der Form verteilen. Cranberrys daraufgeben und restliche Mischung darübergeben. Im vorgeheizten Backofen ca. 35–40 Minuten backen, bis die Cranberrys weich sind und die Oberfläche des Crumbles goldbraun ist.

3. Crumble aus dem Ofen nehmen und vollständig abkühlen lassen. In einen Transportbehälter mit Deckel umfüllen und aufgewärmt oder kalt servieren.

Zubereitungszeit ca. 50 Minuten

Fruchtige Açaí-Vitaminbombe

Zutaten

für 1 Portion

1 Banane, 100 g Açaí-Fruchtpüree (TK) (oder 200 ml Mandelmilch und 1 EL Açaí-Pulver), nach Belieben Zucker, 2 Handvoll gemischte Früchte (z. B. Himbeeren, Birne, Granatapfelkerne), 1 EL Kürbiskerne, 1 EL gemischte Samen (z. B. Leinsamen, Chiasamen)

Zubereitung

1. Banane, Açaí-Fruchtpüree (oder Mandelmilch und Açaí-Pulver) und nach Belieben etwas Zucker im Mixer pürieren, in einen gut verschließbaren Transportbehälter füllen und kalt stellen.

2. Früchte waschen, gegebenenfalls entkernen bzw. Fruchtfleisch aus der Schale schneiden, je nach Größe in mundgerechte Stücke geschnitten, separat verpacken und ebenfalls kalt stellen. Zum Servieren Früchte, Kerne und Samen über die Açaí-Bowl geben.

TIPP Anstelle von Mandelmilch können Sie z. B. auch Soja-, Reis-, Haselnuss- oder Kokosmilch verwenden. Nahrhafter wird die Mischung beispielsweise mit Müsli, Haferflocken oder Joghurt. Nach Belieben können Sie auch Kokosraspeln oder -chips zugeben.

Zubereitungszeit ca. 20 Minuten

Kokos-Dattel-Kugeln

Zutaten
für 10 Stück

100 g Datteln (getrocknet), 100 ml Kokoswasser, 2 EL Rohkakaopulver, 7 EL Kokosraspel

Zubereitung

1. Datteln entkernen und grob zerkleinern. Zusammen mit Kokoswasser im Mixer zu einer sämigen Paste verarbeiten. Rohkakaopulver untermischen. 5–6 Esslöffel Kokosraspel nach und nach zufügen und solange vermengen, bis eine formbare Masse entsteht.

2. Aus der Masse Kugeln formen und in restlichen Kokosraspeln wälzen. In den Kühlschrank stellen, bis sie ausreichend fest geworden sind, und verpacken.

TIPP Kokos-Dattel-Kugeln halten sich im Kühlschrank mehrere Tage, sie können also auch gut auf Vorrat gemacht werden.

Zubereitungszeit ca. 20 Minuten

Chia-Pudding mit Erdbeeren

Zutaten

für 2 kleine Portionen

300 g Erdbeeren, 1 Tasse Soja- oder Mandelmilch, 3 EL Honig, 5 EL Chiasamen, 1 Msp. Vanillepulver oder etwas frische Vanille, nach Belieben Fruchtstückchen und Minze

Zubereitung

1. Erdbeeren waschen und mit dem Stabmixer pürieren. Soja- oder Mandelmilch und Honig verrühren, bis der Honig sich aufgelöst hat.

2. Chiasamen zugeben und mit Vanille untermischen. Ca. 10 Minuten quellen lassen, bis die Chiasamen aufgehen.

3. Je eine Schicht Chia-Pudding und pürierte Erdbeeren in zwei Gläser füllen. Über Nacht in den Kühlschrank stellen und bis zum Verzehr kühl aufbewahren. Nach Belieben mit einigen Fruchtstückchen und frischer, gewaschener Minze garniert servieren.

Zubereitungszeit ca. 20 Minuten (+ 12 Stunden Kühlzeit)

Buchweizen-Rohkakao-Porridge

Zutaten
für 2 Portionen

100 g Buchweizen, 2 Bananen, 20 g Braunhirsemehl, 15 g Kakaonibs, 10 g Mandeln (gemahlen), 1 Prise Salz, 1 EL Zimt, Haselnusskerne

Zubereitung

1. Buchweizen über Nacht in 150 Millilitern Wasser einweichen.

2. Bananen schälen und in Scheiben schneiden, einige davon zum Garnieren beiseitestellen. Rest mit Hirsemehl, Kakaonibs und Mandeln pürieren. Mit Salz und Zimt abschmecken.

3. Alles in ein Schraubdeckelglas füllen und bis zum Transport bzw. Verzehr kalt stellen. Porridge mit Bananenscheiben und Haselnusskernen garniert servieren.

TIPP In seinem Herkunftsland Großbritannien wird Porridge meist aus Haferflocken oder Hafermehl zubereitet und warm zum Frühstück gegessen.

Zubereitungszeit ca. 15 Minuten (+ 12 Stunden Einweichzeit)

Superfood-Schokolade

Zutaten
für 8 Portionen

100 g Datteln (getrocknet), 40 g Pflaumen (getrocknet), 150 g Walnüsse, 4 EL Sultaninen, 2 TL Rohkakaopulver, einige Tropfen Vanillearoma

Zubereitung

1. Datteln entkernen. Alle Zutaten im Mixer zu einer zähen Masse vermischen. 1 Teelöffel Wasser (bei Bedarf mehr) zufügen.

2. Masse in eine mit Backpapier ausgelegte Auflaufform füllen, mit Backpapier belegen und gleichmäßig festdrücken.

3. Backpapier entfernen und mindestens 30 Minuten im Gefrierfach des Kühlschranks fest werden lassen. Gegebenenfalls in Stücke schneiden und zum Mitnehmen in Brotpapier oder Frischhaltefolie verpacken.

TIPP Achten Sie darauf, die Masse fest in die Form zu drücken. So lässt sie sich hinterher einfacher in Stücke schneiden, ohne dass sie zerbröckelt.

Zubereitungszeit ca. 40 Minuten

Avocado-Schokopudding mit Banane

Zutaten
für 6 Portionen

1 reife Avocado, 4 sehr reife Bananen, 25 g Rohkakaopulver

Zubereitung

1. Avocado schälen, halbieren und Kern entfernen. Bananen ebenfalls schälen und grob zerkleinern. Avocado, Bananen und Rohkakaopulver im Mixer pürieren, bis eine glatte Masse entsteht.

2. Avocado-Schokopudding in ein Schraubdeckelglas oder Einmachglas mit Bügelverschluss füllen und bis zum Transport mindestens 1 Stunde im Kühlschrank ruhen lassen. Bis zum Verzehr kühl stellen und zum Servieren in kleine Gläser umfüllen.

TIPP Zu harte Avocados reifen in ca. 2 Tagen nach, wenn man sie zusammen mit einer Zitrone oder einem Apfel in eine Papiertüte legt.

Zubereitungszeit ca. 10 Minuten

Cranberry-Hafer-Cookies

Zutaten
für 20 Stück

25 g Cranberrys (getrocknet), 25 g Rosinen, 100 g Butter in Flocken, 50 g zarte Haferflocken, 150 g Mehl, 3 EL Milch, 1 Eigelb, 75 g Zucker, 1 Prise Salz

Zubereitung

1. Cranberrys fein hacken und zusammen mit restlichen Zutaten mit den Knethaken des Handrührgeräts und den Händen zu einem glatten Teig verarbeiten.

2. Teig zu einer Rolle mit ca. 4 Zentimeter Durchmesser formen. In Frischhaltefolie gewickelt mindestens 30 Minuten in den Kühlschrank stellen.

3. Backofen auf 200 °C (Umluft 180 °C) vorheizen. Teigrolle aus dem Kühlschrank nehmen, Folie entfernen und Teig in ca. 20 Scheiben schneiden. Auf ein mit Backpapier belegtes Blech geben.

4. Im vorgeheizten Backofen ca. 10–12 Minuten backen. Cookies herausnehmen und auf einem Kuchengitter vollständig auskühlen lassen. Bis zum Verzehr in einer gut schließenden Keksdose aufbewahren.

Zubereitungszeit ca. 45 Minuten

Powerdrinks

zum Mitnehmen und Mitbringen

Kokos-Ananas-Smoothie mit Kurkuma und Chia

Zutaten
für 2 Gläser

1 Banane, 1/2 Ananas, 1 Kokosnuss, 200 ml Kokosmilch, 1 EL Kurkuma, 2 EL Chiasamen

Zubereitung

1. Banane schälen. Ananasfruchtfleisch von der Schale trennen, dunkle Stellen und holzigen Strunk entfernen und Fruchtfleisch in kleine Stücke schneiden. Mit einem Schraubenzieher Löcher in die Augen der Kokosnuss bohren. Kokoswasser in einer Schüssel auffangen und beiseitestellen.

2. Mit einem Hammer auf einer Linie rings um die Schale schlagen, bis ein Riss entsteht. Kokosnuss aufbrechen und Fruchtfleisch mit einem Messer herauslösen.

3. Kokosfleisch und Kokosmilch mit Ananas, Banane, Kurkuma und Chiasamen im Mixer auf höchster Stufe bis zur gewünschten Konsistenz pürieren. In eine Flasche mit Schraub- oder Bügelverschluss füllen und bis zum Servieren kalt stellen.

TIPP Das aufgefangene Kokoswasser ergibt, kalt gestellt, einen wunderbar erfrischenden und energetisierenden Drink.

Zubereitungszeit ca. 15 Minuten

Avocado-Kiwi-Smoothie

Zutaten
für 3 Gläser

2 Kiwis, 1 Avocado, 1 Apfel,
300 g kernlose grüne Weintrauben

Zubereitung

1. Kiwis, Avocado und Apfel schälen. Kiwis halbieren. Avocado und Apfel entkernen.

2. Fruchtfleisch zusammen mit den Trauben und 150 Millilitern Wasser in den Mixer geben und pürieren. Je nach gewünschter Konsistenz noch mehr Wasser zugeben und weiter pürieren. In eine Flasche bzw. Gläser mit Schraub- oder Bügelverschluss füllen und bis zum Servieren kalt stellen.

TIPP Wer das Getränk etwas spritziger mag, fügt noch einen Schuss Zitronensaft und Mineralwasser hinzu.

Zubereitungszeit ca. 10 Minuten

Rohkakao-Power-Drink

Zutaten
für 2 Tassen

2–3 EL Rohkakaopulver, etwas Vanillemark, etwas Cayennepfeffer, 500 ml Sojamilch oder Wasser, Stevia oder Honig nach Geschmack

Zubereitung

1. Rohkakaopulver mit Vanillemark und Cayennepfeffer mischen und mit Sojamilch oder Wasser erwärmen. Kurz vor dem Sieden (nicht kochen lassen!) ca. 1 Minute köcheln lassen.

2. Zum Transport in eine Thermoskanne füllen und nach Belieben mit Stevia oder Honig süßen.

TIPP Rohkakaopulver hat einen etwas anderen Geschmack als herkömmliches Kakaopulver. Es wird leicht fermentiert statt geröstet und behält deshalb eine Vielzahl an Vitaminen und Pflanzenstoffen.

Zubereitungszeit ca. 2 Minuten

Melonen-Ingwer-Smoothie

Zutaten
für 3 Gläser

180 g Cantaloupe-Melone, 1 Birne, 200 g Ananas, 100 g Möhren, 40 g Ingwer, 50 g Aprikosen (getrocknet), 2 EL Zitronensaft, nach Belieben einige Minzeblätter

Zubereitung

1. Melone von Kernen befreien, schälen und Fruchtfleisch klein schneiden. Birne schälen, vierteln, Kerngehäuse herausschneiden und Fruchtfleisch klein schneiden.

2. Ananasfruchtfleisch aus der Schale schneiden und dunkle Stellen entfernen. Holzigen Strunk herausschneiden und Fruchtfleisch klein schneiden. Möhren und Ingwer schälen und in Scheiben schneiden.

3. Alles mit Aprikosen und Zitronensaft im Mixer auf höchster Stufe fein pürieren. Je nach gewünschter Konsistenz noch etwas Wasser zugeben und weitermixen.

4. In eine Flasche mit Schraub- oder Bügelverschluss füllen und bis zum Servieren kalt stellen. In Gläser füllen und nach Belieben mit einigen gewaschenen Minzeblättern garniert servieren.

Zubereitungszeit ca. 10 Minuten

Heidelbeer-Smoothie

Zutaten
für 2 Gläser

200 g Heidelbeeren, 2 EL Honig,
100 g Joghurt, 300 ml Milch

Zubereitung

1. Heidelbeeren waschen, verlesen und über einem Sieb abtropfen lassen.

2. Beeren, Honig, Joghurt und Milch und in den Mixer geben und fein pürieren. In eine Flasche mit Schraub- oder Bügelverschluss füllen und bis zum Servieren kalt stellen.

TIPP Statt Honig können Sie auch Agavendicksaft verwenden, statt Milch und Joghurt Sojamilch und Sojajoghurt. Je nach Geschmack kann der Smoothie auch mit einer zusätzlichen Banane zubereitet werden. In diesem Fall etwas mehr Milch und weniger Honig zufügen.

Zubereitungszeit ca. 5 Minuten

Kiwi-Mango-Smoothie mit Leinsamen

Zutaten
für 3 Gläser

1 Mango, 2 Kiwis, 1 Orange, 2 EL Leinsamen

Zubereitung

1. Mango, Kiwis und Orange schälen, Mango entkernen und Früchte zerkleinern.

2. Fruchtfleisch mit 100 Millilitern Wasser im Mixer bis zur gewünschten Sämigkeit pürieren.

3. In eine Flasche mit Schraub- oder Bügelverschluss füllen und bis zum Servieren kalt stellen. In Gläser füllen und mit Leinsamen bestreut servieren.

TIPP Für einen noch gesünderen Genuss können Sie ein walnussgroßes Stück Ingwer mitpürieren.

Zubereitungszeit ca. 10 Minuten

Matcha-Vanille-Frappé

Zutaten

für 1 Glas

1/2 Vanilleschote, 1 TL Matcha (Grünteepulver), 1 EL Agavendicksaft, 250 ml Milch, Sprühsahne

Zubereitung

1. Vanilleschote aufschlitzen und Mark herauskratzen. Mit Matcha, Agavendicksaft und Milch in den Mixer geben. Auf höchster Stufe mixen, in einen Reisebecher umfüllen und kühl stellen.

2. Vor dem Servieren Sprühsahne auf das Frappé geben.

TIPP Wird das Frappé zeitnah getrunken, können Sie auch 5 Eiswürfel oder Matcha-Eiswürfel (Matcha in Wasser verquirlen und, in einen Eiswürfelbehälter gefüllt, in den Gefrierschrank stellen) zugeben und die Sprühsahne gleich über das Frappé geben. Für eine vegane Variante statt Milch und Sprühsahne einfach Reisdrink und Reissprühsahne verwenden.

Zubereitungszeit ca. 10 Minuten

Gesundheitsfreak-Bananen-Smoothie

Zutaten
für 1 Glas

4 Handvoll Spinat, 70 g Mandeln (geschält), 1 Banane, 1 TL Mandelmus, 1 EL Honig, 1 TL Chiasamen

Zubereitung

1. Spinat waschen und trocken schleudern. Mandeln mit 1 Tasse Wasser im Mixer pürieren, bis eine glatte, schaumige Milch entstanden ist. Spinat nach und nach zugeben und mitpürieren.

2. Banane schälen und in Stücke schneiden. Zusammen mit Mandelmus, Honig und Chiasamen pürieren, bis die gewünschte Konsistenz erreicht ist. In einen Reisebecher füllen und bis zum Servieren kühl stellen.

TIPP Dieser Smoothie ist ein gesundes Frühstück, das bis zum Mittagessen satt macht.

Zubereitungszeit ca. 10 Minuten

Register

Impressum

Komplettproducing: twinbooks, München (Redaktion: Melanie Goldmann)
Texte: Anni-Mila Dorin, Melanie Goldmann, Andrea Müh für twinbooks, München
Text- und Abbildungsverzeichnis: Shutterstock Images: 2 Sebastiana; 5 Boiarkina Marina; 7 Katarzyna Zdanowska; 9 Shebeko; 12, 44 casanisa; 15, 37 Elena Veselova; 17 stockcreations; 18 Ulyana Khorunzha; 21 M.Munoz-Calero; 22 thaumatr0pe; 24 vanillaechoes; 27 AnjelikaGr; 28 Bartosz Luczak; 32 Anna_Pustynnikova; 35 Tatiana Vorona; 38 Arina P Habich; 41 pearl7; 43 Anna Shepulova; 47 MShev; 48 sarsmis; 50 Jessmine; 53 Nataliya Arzamasova; 54, 63, 70 Amallia Eka; 57 lizabarbiza; 60 Teri Virbickis; 64 Anna Bogush; 67 Cristian Sabau; 69 zi3000; 73 Sisacorn; 74 Zju4ka; Umschlagabbildung: Jenifoto/fotolia.com